Marie Latastes Aufzeichnungen von den Kontakten, die sie mit Jesus hatte, sind immer aktuell. Glaube, Hoffnung, Liebe und Frieden sind grundlegende katholische Begriffe, die es gilt zu verstehen und die ihr von Jesus erklärt wurden und die hier beschrieben werden.

Inhaltsverzeichnis

Marie Latastes Aufzeichnungen von den Kontakten, die sie mit Jesus hatte, sind immer aktuell. Glaube, Hoffnung, Liebe und Frieden sind grundlegende katholische Begriffe, die es gilt zu verstehen und die ihr von Jesus erklärt wurden und die hier beschrieben werden

Die heiligmachende Gnade ist das Leben der Seele, sie ist ihr Licht, ihre Kraft, ihre Nahrung. Sie ist der Grund und Ursprung von allem Guten in der Seele. Die heiligmachende Gnade gibt der Seele alles, was sie nötig hat, um ihre Pflichten gegen Gott, gegen den Nächsten und gegen sich selbst zu erfüllen. Die heiligmachende Gnade teilt der Seele die drei göttlichen Tugenden des Glaubens, der Hoffnung und der Liebe mit, um der Seele die Richtung auf Gott hin zu geben.

Der Friede ist zwar eine Frucht der Tugend der christlichen Liebe, jedoch ist sie keine besondere, von den anderen unterschiedene Tugend.

Glaube bedeutet das innere Urteil der Seele, welches das Gute und Böse anzeigt, wie man von einem Menschen sagt: "Er hat dies im guten oder schlechten Glauben getan". Glaube bedeutet sodann auch das Vertrauen, das man in das Wort eines anderen legt. Glaube bedeutet ferner die

Geneigtheit und Bereitwilligkeit, mit welcher jemand zu etwas die Zustimmung gibt, ohne sich ganz sicher zu sein; im Vertrauen darauf, nicht getäuscht zu werden. Weiterhin bedeutet Glaube eine unverdiente Gabe Gottes, durch die man eine über alles erhabene Gewissheit von den Dingen hat, die man glauben muss. Glaube bedeutet aber auch unterscheidende Kennzeichen zwischen Christen und denen, die keine Christen sind. Wiederum bedeutet Glaube den Inhalt oder Inbegriff der Wahrheiten, die man glauben muss, also die Glaubensbekenntnisse. Schließlich bedeutet Glaube auch eine formlose und tote Zuständlichkeit der Seele, die zum Heil nicht ausreicht, also den Glauben ohne die Werke. Das sind die verschiedenen Bedeutungen, in denen man das Wort "Glauben" gebraucht. Die soeben genannten Arten des Glaubens dürfen jedoch nicht verwechselt werden mit dem göttlichen Glauben, der die übernatürliche Tugend des Glaubens ist.

Die vier Arten der Tugend des Glaubens

Es gibt vier Arten der Tugend des Glaubens:
1. Die Natur des Glaubens
2. Der Glaubensakt
3. Der Glaubensgegenstand, sowie
4. Die Ursache und Wirkung des Glaubens.

1. Die Natur des Glaubens

Die Tugend des Glaubens ist eine übernatürliche Zuständlichkeit, die Gott der Seele mitteilt. Die Tugend des Glaubens gibt der Seele die feste Überzeugung und die freie

Zustimmung zu den Wahrheiten, die Gott geoffenbart hat und die die katholische Kirche lehrt. Der Glaube ist eine übernatürliche Tugend und deshalb eine Gabe Gottes. Er nimmt in Hinsicht auf das, was man glaubt, alle Furcht vor Irrtum. Diese Überzeugung bewirkt die Zustimmung des Willens, die eine freie und keine erzwungene Zustimmung ist, wie die der bösen Geister, die auch glauben, aber mit Notwendigkeit.

Der Glaube erstreckt sich auf die Wahrheiten, die Gott geoffenbart hat und die die katholische Kirche lehrt. Denn dafür hat Gott die Kirche eingesetzt. Besitzt du die Tugend des Glaubens, glaubst du diese Wahrheiten ohne Mühe und Schwierigkeit. Du bist dazu geneigt, sie als Wahrheiten zu glauben, weil die Tugend des Glaubens eine Zuständlichkeit, Geneigtheit und Bereitwilligkeit ist, welche die Seele durch diese Tugend von Gott erlangt und sie dazu bringt, dass sie glaubt, was er geoffenbart hat. Wer die Tugend des Glaubens besitzt, ist von diesen Wahrheiten überzeugt, obwohl er sie nicht begreift. Diese Wahrheiten beruhen nicht auf einer blossen Meinung, sondern haben ihre volle Wirklichkeit in Gott. Diese Überzeugung ist umso fester, da sie auf Gott beruht, auf der ewigen Wahrheit, die nicht täuschen kann. Hast du den Glauben in dir, hast du den Anfang des ewigen Lebens in dir. Denn durch den Glauben besitzt du, was du nicht siehst, worauf du aber hoffst. Du besitzt, wonach du verlangst und wonach du durch die Bewegung deiner Erkenntnis und die Zustimmung deines Willens strebst.

2. Der Glaubensakt - Eigenschaften des Glaubens

Der Glaube ist die erste unter den Tugenden und die Grundlage der anderen. Der Glaube geht der Hoffnung voraus, denn um etwas zu hoffen, muss man wissen, was der Gegenstand dieser Hoffnung ist. Der Glaube geht der Liebe voraus, denn um zu lieben, muss man den Gegenstand der Liebe kennen. Nun aber lehrt der Glaube Gott und alles zu erkennen, was sich auf Gott bezieht. Auf ihm beruhen also Hoffnung und Liebe.

3. Der Glaubensgegenstand

Der Glaube kann allein bestehen, ohne die Hoffnung und ohne die Liebe. Die Hoffnung kann nicht ohne den Glauben bestehen. Da Glauben und Hoffnung nur Tugenden auf Zeit sind, braucht es für die Liebe hier auf Erden auch den Glauben.

4. Die Ursache und Wirkung des Glaubens

Die erste unter den Tugenden ist hier auf Erden der Glaube. Der Würde nach ist die Liebe die höchste der Tugenden. Der Glaube muss einzig, katholisch und wahr sein. Er ist einzig, insofern er Tugend ist. Es gibt nicht mehrere Tugenden des Glaubens, obwohl der Glaube mehreren gegeben wird. Er ist einzig in Bezug auf seinen Gegenstand. Alle müssen dasselbe glauben, Gott und die Offenbarungen Gottes. Er ist einzig in Bezug auf sein Ziel, er führt nur zum Besitz Gottes.

Er muss katholisch und allgemein sein, das heisst, er muss sich auf alle Wahrheiten erstrecken, ohne Ausnahmen. Er muss alle Orte der Erde erfüllen und das allgemeine Gut für Zeit und Ewigkeit umfassen: Gott. Der Glaube muss wahr sein. Wenn er irrig wäre, so wäre es kein Glaube mehr, denn es wäre Irrtum, Lüge und Falschheit. Der Glaube muss notwendigerweise zur Wahrheit führen, das heißt zu Gott. Die Tugend des Glaubens hat ihren Sitz in der Erkenntnis und im Willen. In der Erkenntnis als in ihrem besonderen Wohnort, von wo aus er untersucht und betrachtet; im Willen als Stärke dieser Betrachtung und als Zustimmung zu dem wirklichen Vorhandensein dessen, was geschehen ist.

1. Die drei inneren und die drei äußeren Glaubensakte

Es gibt zweierlei Glaubensakte. Der erste ist rein innerlich; der andere ist äußerlich und offenbart sich auch nach außen.

Der innere Glaubensakt ist dreifach. Er kann sich in allgemeiner Weise auf Gott beziehen, wie Er in sich selbst ist: Dreieinigkeit und Einheit. Das ist der Glaube einer Seele, die, ohne dieses Geheimnis zu durchforschen und zu durchdringen, einfach sagt: "Ich glaube".

Der innere Glaubensakt kann sich auch auf Gott, als die unfehlbare und ewige Wahrheit beziehen. Dieser Akt kann auf folgende Weise ausgedrückt werden: "Ich glaube dem Wort Gottes und seiner Offenbarung."

Schließlich kann der innere Glaubensakt ein Akt der Erkenntnis sein, der den Willen bestimmt, nach Gott zu streben. Dieser Akt kann so ausgedrückt werden: "Ich glaube an Gott, denn er ist die höchste Wahrheit und Güte."

Der äußere Glaubensakt ist ebenfalls dreifach.

Der äußere Glaubensakt ist nichts anderes, als die äußere Kundgebung dessen, was sich in der gläubigen Seele befindet und diese Kundgebung findet auf dreierlei Weise statt.

Der erste äußere Glaubensakt ist öffentliche Anerkennung aller Glaubensartikel. Diese Anerkennung ist nicht unbedingt für das Seelenheil notwendig. Jedoch kann sie es je nach Ort und Zeit werden. Wenn Du vor dem Richterstuhl eines Fürsten, eines Richters oder eines Beamten berufen würdest und man dich über deinen Glauben befragte, so wärest du verpflichtet, ihn zu bezeugen. Denn wenn du zum Sterben kämest und du deinen Glauben bis zu diesem Moment verleugnet oder ihm abgeschworen hättest, würdest du gewiss verdammt werden. Dieses Bekenntnis des Glaubens ist, wie du sicherlich verstehst, eine der glorreichsten Handlungen des Christen. Seinen Glauben bekennen heißt, Gottes Verteidiger sein. Seinen Glauben bekennen heißt, wirklich Gott ehren und Ihn verherrlichen. Seinen Glauben bekennen heißt, Gottes Verteidiger sein. Seinen Glauben bekennen heißt, die Ungläubigen beschämen. Seinen Glauben bekennen heißt, seinen Nächsten erbauen und ihm ein gutes Beispiel geben.

Der zweite äußere Glaubensakt ist der Akt der Anbetung Gottes durch die äußere Verehrung, die man Ihm erweist, um seine göttlichen Eigenschaften anzuerkennen.

Der dritte äußere Glaubensakt ist das Bekenntnis seiner Sünden, durch das man anerkennt, dass man Gott beleidigt hat und Ihn auch bittet, dass Er diese Beleidigungen verzeihen und vergessen möge.

2. Ohne Glauben ist es unmöglich, Gott zu gefallen

Der Glaube ist für das Seelenheil notwendig. Das Seelenheil ist ja in der Tat nur der Abschluss der Vollkommenheit eines vernünftigen Wesens. Nun aber besteht die Vollkommenheit dieses Wesens nicht nur in dem Besitz all dessen, was seine Natur ausmacht, sondern auch in der Annahme der Richtung die seiner Natur durch eine höhere Natur gegeben wird. Die Bewegung zum Dasein ist die Mitteilung all dessen, was zur menschlichen Natur gehört, ihr zukommt oder gebührt. Die Rückbewegung zu Gott ist die Bewegung, welche die über die menschliche Natur erhabene göttliche Natur der menschlichen Natur gibt, um sie im Guten zu leiten. Mit dieser Bewegung geht man geraden Weges zum Guten, zu Gott, zur ewigen Seligkeit. Nun aber ist die erste Bedingung zur Annahme dieser Bewegung der Glaube, der bewirkt, dass du Gott erkennst. Ebenso bewirkt der Glaube, dass du das, was in Ihm ist, und das, was Er dir mitteilen will, schätzt und deshalb nach Ihm strebst. Wer also keinen Glauben hat, gleicht einem Haus, dessen Türen verschlossen sind. Er gleicht einem Haus, in das Gott eintreten möchte, aber nicht eintritt, weil der Hausherr es nicht öffnet. Wenn Er in dieses Haus eintreten könnte, so würde Er Licht hineinbringen. Weil Er aber nicht eintritt, bleibt dieses Haus im Dunkeln und in der Finsternis.

Ohne Glauben ist es also unmöglich, Gott zu gefallen, weil dies Gott zurückstoßen heißt. Ohne den Glauben kann man nicht selig werden, weil man nicht mit Gott vereinigt ist. Ohne den Glauben zieht man sich die göttliche Verdammnis zu, weil man sich ohne den Glauben all seinen Neigungen überlässt, die Sünde begeht und die Sünde zwangsläufig die Verdammung nach sich zieht.

3. Gegenstand des Glaubens

Du musst an die Wahrheit glauben, die ewige Wahrheit; die Wahrheit, die immer bleibt und in alle Ewigkeit bleiben wird. Die Wahrheit aber ist Gott, die Wahrheit bin Ich. Ich bin der persönliche Ausdruck der Wahrheit und mit vollem Recht habe Ich zu den Menschen gesagt: "Ich bin die Wahrheit."

Ich bin die erste Wahrheit, die alle anderen Wahrheiten in sich schließt. Ich bin die Wahrheit, die alle vereint und alle in Mir vereinigten Wahrheiten machen nur eine Wahrheit aus, nämlich die Wahrheit Gottes, oder Gott, die ewige Wahrheit. Nun aber musst du diese erste Wahrheit glauben. Und du musst auch die anderen Wahrheiten glauben, die von Mir ausgehen und die dir behilflich sind, nach Mir zu streben. Wenn die erste Wahrheit einer Seele geoffenbart wird, so zieht sie die Seele zur Wahrheit hin. Um sie noch leichter anzuziehen, gibt sich diese Wahrheit in verschiedenen Gestalten zu erkennen und diese umschlingen sanft die Seele, um sie zu Gott zu führen. Alles, was sich auf die Gottheit bezieht, auf den einen Gott in drei Personen, der Vater, der Sohn und der Heilige Geist sowie alles, was sich auf Meine Menschheit, auf Meine Kirche und die von Mir eingesetzten Sakramente bezieht, sind verschiedene Formen der ersten Wahrheit. Sie stellen sich den Menschen dar und rufen ihm zu: "Glaube und gehe zu Gott".

Alle diese Wahrheiten sind in den Glaubensbekenntnissen der Kirche enthalten und in den Entscheidungen, die sie über die erste Wahrheit fällt, wie sie ihr von Gott eingegeben werden. Der Mensch versteht diese Wahrheiten nicht in ihrer geheimnisvollen Natur, weil Gott die Wahrheit ist. Aber er glaubt sie und muss sie glauben, weil sie von Gott kommen.

4. Ursachen des Glaubens

Der Glaube wird von Gott verliehen. Gott ist die erste Ursache des Glaubens. Der Glaube hat aber auch mehrere Nebenursachen, die ihn hervorbringen: Die Offenbarung dessen, was man glauben muss, der Anblick von Wundern, die nichts anderes sind, als eine begründete Glaubensüberzeugung; und schließlich die Zustimmung der Seele zu dem, was man glauben muss.

Eine Ursache des Glaubens ist die Offenbarung. Und in der Tat, wie solltest du den Glauben besitzen, wenn Gott nicht offenbaren würde, was man glauben muss? Oder wenn jene, denen Gott es geoffenbart hat, dich nicht an der ihnen gemachten Offenbarung teilnehmen ließen? Der wahre Glaube ist ein lebendiger Glaube und damit er lebendig sein kann, bedarf er einer Nahrung, eines Gegenstandes, den er erfasst. Die Offenbarung ist zwar nur eine Nebenursache des Glaubens, aber doch eine solche, die von Gott kommt, dem Offenbarer der Wahrheit.

Eine andere Ursache des Glaubens ist der Anblick der Wunder. Und dies nicht nur insofern, dass die Wunder von Gott vollbracht sind, sondern auch in dem Sinn, dass Gott durch den Anblick der Wunder zum Glauben anregen will. Auch dies ist eine ungenügende Nebenursache.

Findest du den Beweis dafür nicht in dem, was sich während Meines Lebens zugetragen hat? Wie viele Personen haben Meine Wunder gesehen und wie wenige haben gleichwohl Glauben in sich gehabt? Deshalb sind die Wunder sowohl ein Beweggrund, als auch eine Ursache des Glaubens.

Die Zustimmung der Seele zur Wahrheit ist ebenfalls eine Ursache des Glaubens, aber nicht in dem Sinne, als ob die Seele aus sich selbst heraus die ewige Wahrheit, wenn sie ihr dargeboten wird, annehme und ihr zustimmen könnte. Das wäre falsch, denn dieser Akt übersteigt die Kräfte der menschlichen Natur. Es geschieht vielmehr in dem Sinne, dass Gott der Seele die Geneigtheit und Fähigkeit zum Glauben gibt.

5. Wirkungen des Glaubens

Unendlich sind die Vorteile, die der Glaube einer Seele gewährt. Der Glaube ist eine Waffe gegen die Welt. Der Glaube triumphiert über die Welt und tritt sie mit Füßen. Denn durch den Glauben vertreibt man die Fleischeslust, weil man weiß, dass alles in dieser Welt vergehen und nur eines bleiben wird: das Gute und Böse, das man getan hat. Man vertreibt die Augenlust, weil man weiß, dass es nur einen Reichtum gibt, den die Diebe nicht rauben und der Rost nicht verzehren kann, nämlich Gott. Man vertreibt die Hoffart des Lebens, weil der Anblick eines Gottes, der sich für die Menschen erniedrigt hat und für sie gekreuzigt worden und gestorben ist, die Nichtigkeit, das Elend und die Sünde des Menschen erkennen lässt, diese ihm aber nicht gestatten, hochmütig zu sein. Der Glaube ist ein Schild gegen Satan und seine Pfeile. Vergeblich wird er versuchen, den zu treffen, der den Glauben hat; vergeblich wird er versuchen, ihn zur Empörung zu verleiten und in die Sünde zu stürzen. Wer den Glauben hat, der weiß, dass Satan nur seinen Untergang und seine Verdammung, Gott aber nur sein Heil und Glück will. Daher wird er auf Gott hören und den Satan zurückweisen. Der Glaube zieht folglich auch von der Sünde ab. Wer der Welt und dem Satan widersteht, der hat nur noch einen Feind: sich selbst und seine Leidenschaften. Aber ebenso, wie er seine beiden ersten Feinde, den Satan und die Welt bekämpfen kann, so hat er auch die Kraft, sich selbst zu überwinden. Er bekämpft und besiegt sich selbst und seine Leidenschaften, was für ihn eine Gelegenheit zu großen Verdiensten wird. Der Glaube bringt ferner die Heiligung des Herzens hervor. Er macht, dass man die Sünde flieht. Er bewahrt folglich die heiligmachende Gnade, die ein Zustand der Heiligkeit ist. Er macht, dass man die Sünde bekennt, wenn man so schwach gewesen ist, eine solche zu begehen und dass man durch die Buße dafür Genugtuung leistet. Er ist also für die Seele auch eine Quelle der Heiligung. Der Glaube erzeugt die Furcht. Nicht die knechtliche Furcht, also die Furcht vor der Hölle und vor der Strafe, sondern vielmehr die Furcht vor der Trennung von Gott, die Furcht, Gott nicht zu lieben. Ihm nicht treu zu dienen, mit Ihm nicht vereint zu sein, im Himmel und auf Erden. Der Glaube wirkt Wunder. Wer den Glauben hat, kann Berge versetzen. Der Glaube bewirkt, dass die Gebete, die man an Gott richtet, erhört werden. Der Glaube erhöht auf Erden die Würde des Menschen. Er vergöttlicht ihn dadurch, dass er ihn teilnehmen lässt am göttlichen Leben, dessen Anfang und Ursprung er im Menschen ist. Schließlich sichert der Glaube das ewige Leben, weil der, welcher den Glauben hat, in der Gerechtigkeit lebt, weil er gute und heilige Werke ausübt, wofür er einst in der Ewigkeit belohnt werden wird. Was hier über den Glauben gesagt wurde muss einen jeden lehren, ihn zu achten. Es muss einen jeden antreiben, den Glauben zu schätzen, mehr und mehr nach ihm zu verlangen und ihn zu vermehren, so viel man kann. Man darf nichts tun, was dieser

Gabe, die der Herr gnädig verliehen hat, zuwider laufen könnte.

Die Hoffnung

Von der natürlichen, übernatürlichen und sündhaften Hoffnung

– Natur der übernatürlichen Hoffnung

– Der Akt der Hoffnung

– Wirkungen der Hoffnung

– Notwendigkeit der Hoffnung

– Wer kann hoffen?

Es gibt eine dreifache Hoffnung:

1. die natürliche Hoffnung

2. die übernatürliche Hoffnung

und

3. die sündhafte Hoffnung

Von der natürlichen, übernatürlichen und sündhaften Hoffnung

Die **natürliche** Hoffnung ist eine Geneigtheit, die sich in jedem einzelnen Menschen befindet und ihn nach einem Ziel streben lässt, das er für gut hält und in dem er das Glück zu besitzen glaubt.

Die **übernatürliche** Hoffnung, oder die Tugend der natürlichen Hoffnung, ist eine übernatürliche Zuständlichkeit, die Gott der Seele mitteilt, damit diese mit sicherem Vertrauen das ewige Leben erwartet, sowie die Mittel, um dasselbe mit Gottes Hilfe zu erlangen.

Die **sündhafte** Hoffnung ist nur dem Namen nach eine
Hoffnung. Wer von Hoffnung spricht, meint damit die
Erwartung eines Gutes. Welches Gut kann man aber von
der Sünde erwarten? Der Prophet hat deshalb mit Recht
gesagt: "Setzt eure Hoffnung nicht auf Unrecht." Diese
Hoffnung ist nichtig, trügerisch und lügnerisch.
Die sündhafte Hoffnung lässt sich wiederum auf dreifache
Weise verstehen.

Sie ist entweder die Hoffnung auf sich selber,

die Hoffnung auf andere,

oder die Hoffnung, die man auf Eitelkeit gründet.

Die Hoffnung auf sich selber ist sündhaft, denn was ist der Mensch, dass er auf sich selbst hoffen könnte? Ist der Mensch nicht unfähig, sich selbst zu genügen, sich zu verteidigen oder sich die ewige Belohnung zu verdienen? Der Mensch ist nicht fähig, sich selbst zu genügen. Denn den Wesen, die aus dem Nichts hervorgezogen wurden, ist es natürlich eigen, nach dem Nichts zu streben, wenn sie nicht durch das Einwirken Gottes unterstützt werden.

Der Mensch ist schwach und der Teufel würde nicht zögern, ihn durch seine List und Geschicklichkeit, durch seine Macht und Bosheit zum Bösen fortzureißen, wenn Gottes Barmherzigkeit ihn nicht in jedem Augenblick unterstützen würde. Der Mensch kann aus sich selbst nichts verdienen. Selbst der Gedanke, den der Mensch vermöge seiner Vernunft am ehesten zu besitzen scheint, selbst der Gedanke, wenn er mit übernatürlicher Güte bekleidet ist, gehört nicht ihm, sondern kommt von Gott.

Auf sich selbst seine Hoffnung zu setzen heißt also, Gott zu beleidigen, heißt Böses zu tun, heißt sich ins Verderben zu stürzen.

Aber auch die Hoffnung auf andere ist eine sündhafte Hoffnung. Auf wen solltest du deine Hoffnung setzen, wenn du sie nicht einmal auf dich selbst setzen darfst?

Etwa auf deine Familie, auf deine Freunde oder auf einflussreiche Menschen? Aber alle Menschen zusammen genommen sind nur die personifizierte Schwäche. Sie sind zerbrechlicher als ein Rohr und wer auf sie rechnet, wird in der Stunde der Gefahr sicher getäuscht werden und zuschande kommen. Deine Hoffnung muss auf Gott gegründet sein und jederzeit auf Ihm ruhen.

Er wird dich nicht täuschen und du wirst sagen können: "Auf Dich, oh Herr, habe ich gehofft, nicht werde ich zuschanden werden."

Nicht minder ist auch die Hoffnung auf die Eitelkeit eine sündhafte Hoffnung. Auf die Eitelkeit zu hoffen heißt, auf sein Leben zu hoffen, das flüchtig und vorübergehend ist wie der Rauch, den der Wind verweht. Auf die Eitelkeit zu hoffen, heißt auf den Ruf, die Ehre und Achtung der Menschen zu hoffen. Der Ruf, die Ehre und die Achtung der Menschen verschwinden aber mit dem Leben im Angesicht der Ewigkeit. Auf die Eitelkeit zu hoffen, heißt schließlich auf die Reichtümer, die Güter dieser Welt zu hoffen. Aber die Reichtümer, die Güter dieser Welt, ja die Welt selbst werden ein Ende nehmen und kann man eine feste Hoffnung auf das setzen, was ein Ende nimmt? Die Hoffnung auf die Eitelkeit ist eine eitle Hoffnung, eine Hoffnung, die von Gott wegführt. Folglich ist sie eine strafbare und sündhafte Hoffnung.

Natur der übernatürlichen Hoffnung

Die einzig wahre Hoffnung ist die übernatürliche Hoffnung. Hier wirst du nun mit der Natur, dem Akt, dem Gegenstand, der Wirkung, die Notwendigkeit und dem Subjekt derselben vertraut gemacht.

Die Natur der Hoffnung ist nichts anderes als ein

übernatürlicher Zustand, eine übernatürliche Hinneigung. Folglich ist die Hoffnung eine Gabe Gottes, denn alles Übernatürliche kommt von Gott und übersteigt die Kräfte der menschlichen Natur. Aufgrund dieser Neigung hat der Mensch seine Augen beständig auf die künftigen Dinge gerichtet. Auf sie blickt er hin und harrt ihrer voll Mut und Festigkeit. Dies tut er mit der Gewissheit, sie zu erlangen, weil er weiß, dass Gott ihm die nötigen Mittel zu ihrer Erlangung geben und dass er sie eines Tages besitzen wird. Wer die Tugend der Hoffnung hat, vergisst sich selbst, um sich ganz Gott zu überlassen und in Ihm zu ruhen.

Der Akt der Hoffnung

Der Akt der Hoffnung ist nichts anderes als ein zuversichtliches Erwarten und ein sicheres Rechnen mit etwas. Wenn du einen Akt der Hoffnung erweckst und zu Gott sprichst: "Mein Gott, ich hoffe auf Deine Gnade in diesem Leben und das Schauen Deiner Herrlichkeit im Himmel", so sagst du damit in der Tat nichts anderes als: "Mein Gott, ich erwarte Deine Gnade in diesem Leben und das Schauen Deiner Herrlichkeit im anderen."
Man kan sagen, dass dieses Erwarten und Rechnen ein sicheres ist, weil es auf einer sicheren Grundlage beruht. Denn es beruht auf der Hilfe der göttlichen Allmacht und der unermesslichen göttlichen Barmherzigkeit, auf der unendlichen Freigebigkeit Gottes und seinem ewigen Verlangen, dass man in den Besitz dessen gelangen möge, was man erwartet.

Wirkungen der Hoffnung

Das Ziel der Hoffnung ist die ewige Seligkeit, die man genießen wird. Das ist das Hauptziel der Hoffnung, der Besitz Gottes. Das untergeordnete Ziel aber sind die Gnaden Gottes, die Hilfe Gottes, der Schutz des Erlösers, die Zuwendung Meiner Verdienste, der Schutz Mariens, der die Gefahren von einem jeden abwenden wird. Die Hoffnung wird herrliche Wirkungen in deiner Seele hervorbringen. Siehe folgende: Sie wird dich antreiben, für deine Sünden Buße zu tun, weil du dadurch Verzeihung derselben zu erlangen hoffst. Sie wird dir in den Gefahren Kraft und Mut geben, weil du durch sie deinVertrauen nicht auf dich selbst setzt, sondern auf den Arm Gottes, der alle Feinde niederwirft.

Sie wird dich aus den Gefahren befreien, denn Gott verlässt niemals jene, die auf Ihn vertrauen. Siehe wie Er Daniel und Susanna befreit hat, die ihre Hoffnung auf Ihn gesetzt haben. Die Hoffnung wird dich aber auch die Versuchungen überwinden lassen. Da du ja die Kraft der Hoffnung und das Verlangen hast, sie in Erfüllung gehen zu lassen, wird dich dies mit Entschlossenheit gegen die Versuchungen kämpfen lassen. Und ein solch entschlossener Kampf hat allzeit den Sieg zur Folge. Sie wird deinen Verstand erleuchten, denn auf Gott hoffen heißt, sich Ihm nähern. Gott aber ist Licht und Sein Licht verbreitet Helligkeit in der Finsternis und zeigt die Wahrheit. Sie wird deine Absichten gut und rein bewahren, du wirst nur das Gute hoffen. Du wirst folglich auch nur das Gute wollen und so wird die Hoffnung für dich eine Quelle der mannigfaltigsten guten Werke, die du ohne sie niemals bewirkt hättest.

Notwendigkeit der Hoffnung

Die Hoffnung darf nicht nur einige Tage, oder einige Jahre lang in dir bestehen. Sie darf nicht nur in dir bestehen, solange du Gottes Segnungen genießt und solange du in Seiner Gnade bist. Die Hoffnung muss immer in dir verbleiben. Du musst sowohl zur Zeit der Versuchung hoffen, wie auch zur Zeit der Trübsal; sowohl in der Trockenheit, wie auch im Zustand der Sünde. Hoffen musst du zur Zeit der Versuchung. Gerade da muss deine Hoffnung besonders fest sein. Sie muss der Schild sein, mit dem du deine Versucher niederwirfst. Du hoffst aber nicht, wenn du dir selbst Versuchungen bereitest oder wenn du sie nicht fliehst, das ist Vermessenheit. Du hoffst nicht, wenn du nur deine Gebrechlichkeit betrachtest und nicht den Schmerz, den dir dein Fall verursacht, das ist Blindheit. Du hoffst nicht, wenn du zur Zeit der Versuchung nicht betest. Denn dadurch versetzt du dich in eine Lage, von der man sicher voraussehen kann, dass du unterliegen und sündigen wirst. Hoffe also in der Stunde der Versuchung.

Hoffe aber auch zur Zeit der Trübsal. Hoffe, weil Gott die Unglücklichen nie verlässt. Hoffe, weil Gott deiner Trübsal ein Ende setzen wird. Hoffe, weil Gott dir mitten in der Trübsal vollkommene Sicherheit verleihen wird. Hoffe ferner zur Zeit der Trockenheit der Seele. Hoffe in der Armut, wie ein Diener auf das Vermögen seines Herrn hofft. Und wie dieser Diener, so hoffe, dass Gott dir die Nahrung geben, wird, die du bedarfst. Hoffe, dass Er dir die Hilfe geben wird, die dir unerlässlich ist, um dich aufrecht zu halten und ein Obdach, um dich zu decken.

Hoffe und du wirst in deiner Hoffnung nicht getäuscht werden. Hoffe schließlich auch, wenn du dich im Zustand der Sünde befindest. Denn Gott ist ein Arzt, der die Krankheit deiner Seele zu heilen versteht, der sie heilen kann und will. Was Gott gesagt hat, lässt dich die Notwendigkeit der Hoffnung einsehen. Ohne sie kannst du den Himmel nicht erlangen, weil Gott ihn nur denen geben will, die auf Ihn hoffen. Nur die, welche auf den Himmel hoffen, tun, was zur Erlangung desselben notwendig ist und niemand wird ihn erlangen, außer wenn er ihn verdient hat.

Wer kann hoffen?

Wer schließlich kann und muss hoffen? Hoffnung hat man nicht mehr im Himmel, wo die Engel und die Auserwählten bereits die Anschauung Gottes genießen. Wenn sie Gott bereits besitzen, so harren sie nicht mehr auf seinen Besitz, haben also keine Hoffnung mehr. Hoffnung hat man aber auch nicht mehr in der Hölle. Die bösen Geister und die Verdammten sind für immer von Gott getrennt. Sie erwarten also den Genuss der Anschauung Gottes und seiner Herrlichkeit nicht mehr. Folglich haben sie keine Hoffnung mehr.

Dagegen hatten jene Seelen Hoffnung, die auf Meine Ankunft warteten und auf die Glückseligkeit des Himmels, die Ich ihnen geben sollte durch die Genugtuung, die Ich meinem Vater am Kreuz leisten würde. Hoffnung haben auch die

Seelen im Fegfeuer, die der Gerechtigkeit Gottes noch nicht genug getan haben und die den Augenblick erwarten, wo sie die Seligkeit genießen werden. Hoffnung können und sollen schließlich die Menschen haben, solange sie auf Erden sind. Und tatsächlich wird ihnen während des Lebens der Himmel gezeigt, als ein Lohn, den sie durch die Tugendübung erlangen können. Habe eine feste Hoffnung auf Gott, eine feste Hoffnung auf Mich. Die Hoffnung ist wie ein Pfeil, der Mein Herz durchbohrt, nicht um Mir Leiden zu verursachen, sondern damit die Fluten Meiner Barmherzigkeit daraus hervorströmen und sich über die auf ihren Heiland hoffende Seele ergießen. Wandle auf diesem schönen Weg der heiligen Hoffnung und du wirst nie getäuscht werden.

Die Liebe

Die Liebe als Wesen, als Person und als Tugend
- Die übernatürliche, göttliche Liebe
- Wert und Dauer der übernatürlichen Liebe
- Subjekt der Liebe
- Die Vollkommenheit der Liebe
- Die Zeichen der Liebe
- Die Liebe zu Gott
- Die Liebe zu sich selbst und zum Nächsten
- Wer ist der Nächste
- Wie muss man lieben?
- Leben in der Liebe Gottes

Lob der Liebe

Die Liebe als Wesen, als Person und als Tugend

Die Liebe ist eine dreifache. Du kannst sie erstens als Wesen betrachten, das ist Gott; zweitens als Person, das ist der Heilige Geist; und drittens als Gabe, die Gott dem Menschen verleiht, das ist die Tugend der Liebe.

Die Liebe ist das Wesen Gottes, sie ist das, was die Gottheit ausmacht. Die Liebe ist Gott. Die Liebe in Gott ist keine rein zufällige Eigenschaft, also etwas, was in Ihm auch nicht sein könnte. Die Liebe ist vielmehr das Wesen Gottes selbst.

Die Liebe ist sodann die Person des Heiligen Geistes. Die Person des Heiligen Geistes, die vom Vater und Sohn ausgeht, ist in der Tat die ewige Liebe des Vaters zum Sohn und des Sohnes zum Vater. Der Heilige Geist ist die Vereinigung des Vaters und des Sohnes und diese Vereinigung kommt vom Vater und vom Sohn. Er ist im Vater und im Sohn, dennoch ist Er von Ihnen unterschieden und ist doch mit dem Vater und dem Sohn eins. Der Vater ist die Liebe, der Sohn ist die Liebe und der Heilige Geist ist die Liebe. Aber dennoch sage Ich, dass die Liebe die Person des Heiligen Geistes ist, die vom Vater und vom Sohn ausgeht und durch die Liebe, die sie selbst ist, die Person des Sohnes mit der Person des Vaters verbindet.

Die Liebe, als übernatürliche Tugend betrachtet, ist jene Gabe Gottes, durch die das Herz des Menschen sich auf übernatürliche Weise zu Gott bewegt, als dem Gegenstand seiner Liebe. Und von dieser Liebe als Tugend will Ich sprechen.

Beachte genau, dass diese übernatürliche, göttliche Liebe, verschieden ist von der natürlichen Liebe, dem natürlichen Wohlwollen, der natürlichen Freundschaft und Zuneigung.

Man vermengt diese Dinge oft miteinander. Ich will aber, dass man einen klaren und genauen Begriff davon hat, damit man die Natur der übernatürlichen Liebe besser versteht. Die natürliche Liebe ist ein allgemeiner Gattungsname, der die natürliche Neigung zu etwas Gutem oder Bösem bezeichnet.

Die natürliche Liebe ist eine Leidenschaft der Seele. Der Name "natürliche Liebe" wird daher angewendet auf das natürliche Streben, oder die natürliche Neigung zu einer Sache, die etwas Gutes in sich schließt, das man aufsuchen will. So liebt man eine Blume, eine Wohnung, einen Ort. Diese Liebe kann man die "Liebe des Begehrens" nennen.

Wenn man auf solche natürliche Weise eine Person oder einen Gegenstand liebt und diesem Gegenstand oder dieser Person Gutes wünscht, so heißt diese natürliche Liebe "Wohlwollen", eben weil man dem Gegenstand seiner Liebe Gutes wünscht.

Mehr als das Wohlwollen schließt die Freundschaft in sich. Wohlwollen ist es, wenn man jemanden Gutes wünscht, ohne dass das Gleiche auch von der anderen Seite geschieht. Die Freundschaft aber fordert diese Gegenseitigkeit. Die Freundschaft besteht also darin, dass man liebt und wieder geliebt wird, dass man liebt und weiß, dass man geliebt wird. Zwischen zwei Freunden findet also eine gegenseitige Mitteilung des Herzens statt.

Die übernatürliche, göttliche Liebe

Die übernatürliche, göttliche Liebe ist jene Liebe Gottes, die sich auf die künftige Mitteilung der ewigen Seligkeit gründet. Die übernatürliche Liebe ist zunächst nur auf Gott gerichtet, sie hat nur Gott zum Gegenstand. Erst in zweiter Linie ist sie auf den Menschen gerichtet, weil sie in ihm Gottes Ebenbild erblickt und weil Gott dies so gewollt hat und nur unter dieser Bedingung seine Seligkeit mitteilen will.

Diese Liebe ist eine übernatürliche Tugend oder eine übernatürliche, der Seele innewohnende Gabe, durch die der Mensch Gott wegen seiner Vollkommenheiten über alles und den Nächsten in Gott und wegen Gott liebt. Diese übernatürliche, göttliche Liebe steht über allen anderen Tugenden, sowohl wegen ihrer Notwendigkeit als auch wegen ihrer Werke, ihrer Dauer und ihrer Würde.

Was ihre Notwendigkeit betrifft, so ist sie klar. Wenn du alle anderen geistigen Güter besitzen würdest, aber die Liebe nicht hättest, so würden dir alle diese Gaben zum Heil deiner Seele nichts nützen. Wenn du die Liebe allein hättest, so würdest du sicher dein Heil wirken. Auch der Glaube, und selbst ein solcher Glaube, der Berge versetzt, würde dir ohne die Liebe nichts nützen. Und selbst das Martyrium, wenn es ohne Liebe möglich wäre, würde dir nichts nützen. Selbst wenn du durch dein Wort die ganze Welt bekehren würdest, so würde dir das ohne die Liebe nichts nützen.

Ohne die übernatürliche, göttliche Liebe gibt es überhaupt keine Tugend, keine wahre, lebendige und tätige Tugend. Denn Tugend ist in der Tat eine Bewegung zum Guten. Das höchste Gut aber ist Gott und um nach Ihm zu streben, muss man Ihn kennen und lieben. Denn man geht nicht zu dem, den man nicht liebt. Man sucht Ihn nicht auf, wünscht nicht Seine Gegenwart zu genießen und bemüht sich auch nicht, Ihm zu gefallen. Die Liebe also macht, dass du Gott liebst und nach Ihm verlangst. Sie erweckt in dir das Verlangen, Ihm zu gefallen, damit Er sich dir nähere und du dich Ihm näherst.

Die Liebe macht, dass du Ihm anhängst, das aber bildet gerade das Eigentümliche der Bewegung zum Guten, zur Tugend. Da es aber nehrere Tugenden gibt, so muss jede eine besondere Bewegung haben.

Die Tugend des Glaubens bewegt die Seele zu Gott hin und macht, dass sie Sein Dasein für wahr hält.

Die Tugend der Hoffnung bewegt die Seele zu Gott hin und macht, dass sie den Genuss Seiner Anschauung erwartet.

Die Tugend der Liebe schließlich bewegt die Seele zu Gott hin und macht, dass sie Ihm anhängt.

Die Bewegung der Tugend der Liebe ist das Leben der beiden Bewegungen, welche die Seele durch die Tugenden des Glaubens und der Hoffnung erhalten hat. Wohl kann man Glauben und Hoffnung ohne die Liebe haben. Aber dieser Glaube und diese Hoffnung sind farblos, ohne Kraft, ohne fruchtbringende Tätigkeit. Wenn du den Glauben ohne die Liebe hast, so wird dir dieser Glaube zum Verderben und zur Verdammnis gereichen. Dieser Glaube ist also keine wahre und keine lebendige Tugend, weil jede Tugend zur Verherrlichung und zur Beseligung dessen, der sie besitzt, gereichen muss.

Du hast die Hoffnung, was ist aber die Grundlage dieser Tugend? Was kannst Du hoffen, wenn du Gott nicht liebst? Du erwartest das Schauen seiner Herrlichkeit? Gott aber verleiht dies nur denen, die ihn lieben. Du liebst ihn nicht, also wirst du auch keinen Anteil an der Belohnung haben, die Er seinen Freunden gibt.

Die übernatürliche Liebe ist der Weg, der zum Himmel führt. Du könntest nicht in Dein Haus zurückkehren, wenn du keinen Weg hättest, auf dem du wandeln könntest. In gleicher Weise kannst du auch ohne die Liebe nicht in den Himmel eingehen. Folglich ist diese Liebe unter allen Tugenden die notwendigste. Sie ist die Tugend, nach der du am meisten verlangen, die du am sorgfältigsten bewahren und zu vermehren suchen musst.

Wert und Dauer der übernatürlichen Liebe

Die übernatürliche Liebe übertrifft aber alle anderen Tugenden auch wegen der Vortrefflichkeit ihrer Werke. Alle Werke, die man aus übernatürlicher Liebe vollbringt, sind gut. Und gerade deshalb bin Ich gekommen, um das Feuer der Liebe auf Erden anzuzünden. Ich hatte nur das eine Verlangen, dass die ganze Welt von diesen Flammen ergriffen werden soll. Wer diese Liebe hat, wer Gott liebt, der bemüht sich, Ihm zu gefallen, der beachtet Sein Gesetz und Seine Gebote und handelt in allem nur, um Seinen Willen zu erfüllen. Wer diese Liebe hat, der verrichtet folglich Tugendwerke, weil die Liebe die Grundlage derselben und gleichsam der Hauch ist, der sie eingibt. Wer schließlich diese Liebe hat, tut das Gute und vermeidet das Böse, damit das Gute, das er tut, sich erhält und bleibt und er, indem er Gott liebt, nichts tut, was Ihn betrüben oder Ihm missfallen könnte.

Schätze also die Liebe, die dir so viele Verdienste erwerben wird für jenes Leben, das niemals enden wird. Die Liebe dauert aber auch unter allen Tugenden am längsten. Diese Dauer der Liebe kann unter drei Gesichtspunkten betrachtet werden und man kann sagen, dass die Liebe unter diesen drei Gesichtspunkten nie vergehen, sondern immer bleiben wird. Erstens dauert die Liebe beständig fort in dem Sinn, dass sie niemals in die Todsünde verfällt, denn solange die Liebe in einer Seele ist, hat die Seele das Leben, bewahrt das Leben und flieht den Tod, das heißt die Sünde.

Zweitens dauert die Liebe beständig fort in denen, die in der Gnade gefestigt sind, wie zum Beispiel in den Aposteln, weil die Gnade die Liebe gibt und weil man mit der Festigung in der Gnade auch die Festigung in der Liebe erhält.

Die Liebe dauert schließlich beständig fort, selbst nach diesem Leben. Glaube und Hoffnung endet mit dem Leben. Die Liebe dagegen wird nach dem Tod mit den Seelen in den Himmel aufgenommen und die Seligkeit dieser besteht in der Erhaltung oder vielmehr in der Vollkommenheit der Liebe.

Die übernatürliche Liebe ist die wertvollste aller Tugenden, weil sie der Seele am meisten einträgt. Durch den Glauben betrachtet man Gott, durch die Hoffnung erwartet man Ihn und durch die Liebe besitzt man Ihn.

Der Besitz einer Sache ist der bloßen Betrachtung oder Erwartung derselben vorzuziehen. Die übernatürliche Liebe ist unter allen Tugenden die wertvollste, weil diese Liebe mehr als jede andere Tugend die Seele erhöht. Denn sie erhebt die Seele zu Gott. Sie vereinigt sie mit Gott und krönt sie in Ihm.

Das ist in kurzen Worten die Natur der übernatürlichen, christlichen Liebe.

Subjekt der Liebe

Welches ist nun das Subjekt dieser Liebe, oder in anderen Worten:

Wer hat diese Liebe?

Und wie oder in welchem Maße ist sie in den Seelen vorhanden?

Kann sie zunehmen?

Kann sie abnehmen?

Oder sich vervollkommnen?

Oder bleibt sie immer in demselben Zustand?

Was ist die Vollkommenheit der Liebe?

Kann man auf Erden schon ganz und gar vollkommen in der Liebe sein?

Solche Fragen stellt man sich nie. Dennoch ist es gut und nützlich, das innere Leben der Seele so zu erwägen und zu betrachten. Ohne diese Betrachtung wird man nach und nach lauer, schlaffer und träger, und verliert das übernatürliche Gut, das man besitzt. Höre aufmerksam zu. Die übernatürliche Liebe endet mit dem Leben nicht, denn sie dauert im Himmel fort. Die Liebe besteht aber nicht in der Hölle, an dem Ort der Unordnung und des ewigen Hasses gegen Gott. Wohl aber findet sich die Liebe auf Erden in den Seelen, welche die Gnade dazu besitzen. Die Liebe wohnt bevorzugt in einem der Seelenvermögen und dieses Vermögen ist der Wille.

Und tatsächlich erfasst der Wille Gott und hängt Ihm an, sobald die Erkenntnis ihm Gott vorgestellt hat. Die Vollkommenheit der Liebe in der christlichen Liebe und in der Gabe der Tugend dieser christlichen Liebe, die Gott dem Menschen verleiht, gibt es aber Stufen. Diese Stufen sind mehr oder weniger hoch, je nach dem Willen Gottes und je nach der Bereitschaft oder Empfänglichkeit, die Gott in einer Seele vorfindet. Wenn nun einer Seele die Gabe der Liebe verliehen wird, so kann sie die Wirksamkeit der Liebe in sich wiederum vermehren. Die Liebe nimmt nämlich in dem Maße zu, in dem man sich Gott nähert. Zwar nimmt die Liebe nicht bei jedem Liebesakt auf fühlbare Weise zu, aber es bildet doch jeder Akt eine Vorbereitung zur Vermehrung der

Liebe, weil jeder dieser Akte den Menschen zu neuer Betätigung seiner Liebe geschickter macht. Wer sich in dem Zustand dieser Liebe befindet, kann das Verlangen haben, dass sie in sich mehr und mehr zunehmen möge und hierzu findet er auch allezeit in sich eine Fähigkeit, die sich niemals erschöpfen wird.

Es gibt drei Stufen der Liebe, woraus man erkennt, dass sich die Liebe vermehren lässt und dass man in ihr Fortschritte machen kann. Diese sind:

erstens die Liebe, wie sie als Geschenk aus Gottes Hand hervorgeht;

zweitens die Liebe, die nicht nur der Seele mitgeteilt wird, sondern auch in ihr unterhalten und gestärkt wird;

und schließlich die vollkommene Liebe, die der Seele durch nichts geraubt werden kann.

Es gibt aber wiederum drei Arten von Vollkommenheiten der Liebe.

Die vollkommene Liebe in Gott,

die vollkommene Liebe der Seele im Himmel

und die vollkommene Liebe des Menschen auf Erden.

Die vollkommene Liebe in Gott, denn Gott ist vollkommen und ist zugleich die Liebe, folglich ist Er vollkommen in der Liebe. Diese göttliche Vollkommenheit der Liebe, welche Gott ist, ist nur Gott allein eigen.

Die vollkommene Liebe der Seele im Himmel besteht darin, dass alle Kräfte der Seele nur Gott allein anhängen und auf kein anderes Ziel mehr zugehen können, als auf Ihn.

Die vollkommene Liebe des Menschen auf Erden ist dreifach und schließt drei Grade in sich:

Erstens ist die Liebe in einem Menschen vollkommen, der sich ganz dem Studium Gottes widmet, der Erforschung Gottes und dessen, was sich auf Gott bezieht. Sie ist vollkommen in einem Menschen, der alles Übrige vergisst und sich nur wenig mit dem beschäftigt, was zu seinem Lebensunterhalt notwendig ist.

Die Liebe ist ferner vollkommen in einem Menschen, der sein Herz beständig mit Gott vereint, so dass er nichts will und nichts begehrt, was dem göttlichen Willen zuwider ist.

Die Liebe ist schließlich vollkommen in dem, der nach Gott strebt, nicht nur durch die Erfüllung der Gebote, sondern auch durch Befolgung der evangelischen Räte, nämlich Keuschheit, Armut und Demut.

Auf welche Weise ist auf Erden die Vollkommenheit in der Liebe möglich?

Die absolute Vollkommenheit, der höchste Grad der Liebe, ist auf Erden aber nicht möglich, weil man sich in dem, der hier auf Erden die vollkommene Liebe hat, diese immer noch vollkommener denken kann.

Die Liebe kann abnehmen und sogar ganz verloren gehen. Adam hatte die Liebe, verlor sie aber durch seinen Ungehorsam. David hatte die Liebe, verlor sie aber durch seine Sünde. Die Christen haben nach ihrer Taufe die Liebe, eine einzige Todsünde aber reicht aus, dieselbe zu verlieren. In der Tat bedeutet eine Todsünde begehen, sich von Gott abwenden und entfernen, sich gegen Ihn empören. Diese Entfernung und Empörung aber stehen im Gegensatz zur Liebe. Sie zerstören also auf diese Weise die Liebe und lassen sie verschwinden. Die Todsünde ist also der Tod der Liebe in einer Seele. Die lässliche Sünde aber ist eine Verminderung und Schwächung derselben. Sie ist nämlich nur eine kleine Beleidigung, eine kleine Empörung. Sie ist aber immerhin eine Empörung und eine Beleidigung und folglich vermindern diese Sünden die Liebe. Sie trennen und entfernen zwar nicht ganz von Gott, aber sie beginnen doch diese Trennung und Entfernung.

Fliehe also nicht nur die Todsünde, sondern auch die lässliche Sünde, die der Seele so große Nachteile zufügt. Bewahre sorgfältig die Liebe.

Die Zeichen der Liebe

Ob man aber die Liebe besitzt, wird man an den Zeichen erkennen, die Ich aufzeigen will. Zwar weiß niemand, ob er der Liebe oder des Hasses würdig ist, außer es wird ihm dieses geoffenbart.

Dennoch kann man eine genügende Kenntnis vom Zustand seines Gewissens und seiner Seele haben, wenn man auf die offensichtlichen Kennzeichen achtet, die das Vorhandensein der Liebe bekunden.

Wenn du gerne und mit Freuden an Gott denkst, so beruhige dich, du bist mit Ihm durch die Liebe vereinigt.

Da, wo dein Herz ist, ist auch dein Schatz, also Gott und wer Gott als Schatz besitzt, hat nichts zu fürchten.

Wenn du gerne von Gott reden hörst und die guten, erbaulichen Worte, die du gehört hast, auch bewahrst, so beruhige dich, du bist durch die Liebe mit Ihm vereint und hast nichts zu fürchten.

Wenn du dich oft mit Gott unterhältst und durch das Gebet mit Ihm sprichst, so beruhige dich, du bist durch die Liebe mit Ihm vereint, du hast nichts zu fürchten.

Wenn du für Gott gerne zum Opfer bringst, was dir gehört und worüber du frei verfügen kannst, so beruhige dich, du bist durch die Liebe mit ihm vereint und hast nichts zu fürchten.

Wenn du geduldig die Leiden dieses Lebens erträgst, um dadurch Gott zu gefallen, so beruhige dich, du bist durch die Liebe mit Ihm vereint und hast nichts zu fürchten.

Wenn du die Gebote Gottes treu beachtest, so beruhige dich, du bist durch die Liebe mit Ihm vereint und hast nichts zu fürchten.

Wenn du alles liebst was Gott liebt und was Ihm gefällt, also die Werke der Tugend und wenn du verabscheust, was Er verabscheut, also die Sünde und das Laster, so beruhige dich, du bist durch die Liebe mit Ihm vereint und hast nichts zu fürchten.

Dies sind die verschienen Zeichen, an denen du erkennst, dass die Liebe in dir ist. Wenn du nun die Liebe hast, so liebt dich Gott, weil du Ihm wohlgefällst und Seiner Liebe wahrhaft würdig bist.

Die Liebe zu Gott

Es genügt indessen nicht, dass du weißt, was die christliche Liebe ist und wer diese Liebe hat. Um die Tugend dieser Liebe in würdiger Weise zu üben, musst du auch den Gegenstand derselben kennen. Der Gegenstand, auf den die übernatürliche Liebe in ihrer Betätigung gerichtet sein muss, ist aber ein vierfacher: Gott, deine eigene Seele, dein Nächster und dein Leib.

Gott, der über deiner Seele steht, deine Seele, die dich nach Gott am meisten berührt. Dein Nächster, der dein Bruder und dir ähnlich ist; und schließlich dein Leib, dieser dein Gefährte während der Zeit deiner Verbannung und Pilgerschaft auf Erden.

Der erste Gegenstand deiner Liebe ist Gott. Gott aber musst du vor allem aus Dankbarkeit lieben, denn alles was in dir ist, Leib und Seele, Erlösung und Gnade, hast du von Ihm erhalten. Er macht es dir ganz leicht, in den Himmel zu gelangen. Er will ihn dir geben und dir dort den Glanz Seiner Herrlichkeit unverhüllt offenbaren.

Gott musst du ferner lieben, weil Er unendlich liebenswürdig ist. Du musst Ihn lieben wegen Seiner Heiligkeit und wegen Seiner Vollkommenheit. Denn man muss lieben und liebt auch wirklich alles, was gut, recht und vollkommen ist. Gibt es nun wohl eine höhere Vollkommenheit, als die Vollkommenheit Gottes?

Du musst Ihn aber nicht nur lieben, weil Er Gott ist, sondern auch, weil Er dein Gott ist, das heißt, dein Meister und dein Herr. Du musst Ihn lieben, weil Er sozusagen Sich dir gegeben hat und weil Er dein Eigentum, dein Gott sein will. Ja, Gott gehört dir. Er ist dein Vater. Ja Gott gehört dir, denn du bist Sein Kind.

Nun! Da dem so ist, so liebe Gott. Liebe Ihn von ganzem Herzen, von ganzer Seele und aus allen Kräften. Liebe Ihn, soviel du Ihn zu lieben vermagst, indem du Ihm deinen

Verstand, deinen Willen, deinen Leib, kurz alles weihst, was in dir ist. Liebe Ihn nicht nur innerlich, sondern bekunde deine Liebe auch durch äußere Werke.

Liebe Gott immer, liebe Ihn in allen Lagen, bei allen Vorfällen, in allen Handlungen, in allen Wünschen deines Lebens. Dein Leben sei nichts anderes als eine fortwährende Liebe Gottes, eine Liebe, die größer ist, als die Liebe zu dir selbst und die Liebe zu deinen Verwandten, deinen Freunden und allen Dingen dieser Welt.

Das ist ein förmliches Gebet, das jedem vernünftigen Geschöpf auferlegt ist, dessen Beachtung die höchsten Güter einträgt und dessen Übertretung sehr große Übel nach sich zieht. Die übernatürliche göttliche Liebe oder die Liebe Gottes trägt die höchsten Güter ein, denn sie tilgt in der Tat die etwa begangenen Sünden. Und an alle Sünder, die Maria Magdalena nachgeahmt haben, werde Ich die Worte richten, die Ich an sie gerichtet habe.

Viele Sünden werden dir vergeben, weil du viel geliebt hast. Die göttliche Liebe ist das Licht der Seele. Wenn man jemanden liebt, so sucht man alle Mittel auf, um dem Geliebten zu gefallen und ihm angenehm zu sein. Wenn man also Gott liebt, so sucht man auch, Ihm zu gefallen und man findet auch leicht die Mittel dazu, weil Er sich dem nähert, der Ihn liebt. Wenn Er sich der Seele nähert, so erleuchtet Er sie, weil Er das ewige Licht ist, dessen Reinheit mit keinem anderen Licht vergleichbar ist.

Die göttliche Liebe ist ein Schutzbrief der Seele, nicht nur, weil sie dieselbe vor dem Bösen bewahrt, sondern auch, weil sie Gott selbst zum Beschützer gibt. Denn jene, die Gott lieben, die liebt auch Gott und behütet und bewahrt sie vor allem Übel, wie der Mensch seinen eigenen Augapfel behütet und vor allem Übel bewahrt. Sie erwirbt dir die Hilfe Gottes in allen Nöten des Lebens und erhält dich aufrecht in der Stunde des Todes. Ja die Liebe gibt wirklich Mut in allen schmerzlichen Lagen, denn sie läßt alles aus Liebe zu Gott erdulden. Sie hält wirklich aufrecht in der Stunde des Todes, denn der, welcher die Liebe hat, fürchtet den Tod nicht. Er wünscht ihn vielmehr, weil er nach dem Tod Gott besitzen wird, nicht mehr durch die Hoffnung, sondern in Wirklichkeit. Die Liebe wendet alles, was am Menschen ist, zu dessen Vorteil und Nutzen: das Wohlsein, wie das Leiden, den Trost, wie die Traurigkeit, weil sie alles auf Gott bezieht und weil diese Beziehung alles heiligt und weil jede geheiligte Handlung für den, der sie vollbringt, ein Gut ist. Die göttliche Liebe gibt schließlich hier auf Erden schon einen Vorgeschmack auf die Wirklichkeit des Himmels. Sie erhebt die Seelen, welche die Liebe besitzen, zur höchsten Stufe der Betrachtung Gottes und hält sie so in Gott gefesselt, fern von den verächtlichen Gütern, Vergnügungen, Ehren und Tröstungen der Welt.

Dagegen erhebt sich alles gegen den, der Gott nicht liebt. Die Sünde bemächtigt sich seines Herzens und lässt ihn auf der Erde hinkriechen. Gegen ihn wenden sich die Widerwärtigkeiten des Lebens und dessen verschiedene Prüfungen. Ja, die ganze Welt kämpft, wie der Weise sich ausdrückt, für Gott gegen die Toren, die es nicht verstehen, Gott anzuhängen und Ihn zu lieben.

Die Liebe zu sich selbst und zum Nächsten

Die Tugend der übernatürlichen Liebe ist in sich einzig, hat aber Mehreres und Verschiedenes zu ihrem Gegenstand. Sie bezieht sich auf Gott, sie muss sich aber auch auf das eigene ich und auf den Nächsten beziehen, gemäß der Vorschrift, die Ich hierüber gab, als Ich auf Erden war:

"Liebe Gott über alles und deinen Nächsten wie dich selbst."

Der Christ muss deshalb den Nächsten lieben wie sich selbst. Nun aber besteht der Christ, wie jeder Mensch, aus zwei Bestandteilen:

aus Seele und Leib.

Also musst du sowohl in dir selbst, als auch in den anderen sowohl die Seele, als auch den Leib lieben. In dieser Liebe zu dir selbst und zum Nächsten hast du aber folgende Ordnung einzuhalten:

Den Anfang musst du machen mit der Liebe zu dir selbst, weil deine Nächstenliebe sich nach dem Vorbild deiner Selbstliebe zu richten hat. Aus diesem Grund musst du deine Seele mehr lieben, als die Seele des Nächsten. Das heißt, du musst deine Seele zuerst lieben und sie der Seele des Nächsten vorziehen.

Die Seele deines Nächsten aber musst du mehr lieben, als deinen Leib. Deinen eigenen Leib musst du aber mehr lieben, als den Leib deines Nächsten.

Warum sollst du deine eigene Seele mehr lieben als die Seele deines Nächsten? Das ist leicht zu begreifen. Du liebst Gott als den Urheber des Guten. Dich selbst musst du lieben in Gott, aus Liebe zu Gott und um in seine Gesellschaft zu gelangen, worin dein Heil besteht. Diese deine künftige

Vereinigung mit Gott ist die Ursache deiner Liebe zu Gott, einer Liebe, welche das Maß deiner Vereinigung mit Gott sein wird. Nun ist aber die Vereinigung, kraft der du selber an Gott teilnimmst, für dich erstrebenswerter, als die Vereinigung, kraft der mehrere andere bei dieser Teilnahme mit dir verbunden sind. Folglich musst Du vor allem danach streben, dass du mit Gott vereinigt wirst, bevor du nach der Vereinigung mit anderen strebst. Den Beweis für das soeben Gesagte, findest du darin, dass du, um einen Anderen von seiner Sünde zu befreien, selber auch nicht die kleinste Sünde begehen darfst. Denn diese Sünde würde dich, je nach dem Grad ihrer Bosheit, mehr oder weniger von der Teinahme am höchsten Gut zurückhalten.

Du musst aber die Seele deines Bruders oder deines Nächsten mehr lieben, als deinen eigenen Leib. Du wärest also verpflichtet, um das Seelenheil eines Anderen zu wirken, dein Leben, das heißt das Leben deines Leibes der Gefahr auszusetzen, oder sogar zu opfern, wenn du dadurch die Seele des Anderen retten könntest.

Dadurch würdest du zeigen, dass du eine vollkommene und wohlverstandene Liebe hast. Indessen bist du dazu nicht notwendig verpflichtet, sodass du nur dann die Liebe hättest, wenn du dieses Opfer vollbringen würdest. Die vollkommene Liebe aber treibt zu diesem Opfer an, sowohl wegen des Glücks, das du der Seele, die du rettest, bereitest, als auch wegen der Ehre, die dadurch auf Gott zurückfällt.

Den Vorzug, den man seiner Seele in seiner Liebe geben soll, soll auch den Vorzug begreiflich machen, den man in gleicher Weise seinem Leib vor dem Leib des Nächsten geben soll.

Wer ist der Nächste?

Du sollst den Nächsten lieben. Weißt du, wer dein Nächster ist? Dein Nächster ist jedes vernünftige Wesen, von dem du irgendein Gut im Hinblick auf das ewige Leben erhalten oder dem du ein derartiges Gut mitteilen kannst.

Somit zähle zu deinen Nächsten vor allem die Engel, weil du durch sie geistige Güter erhälst, weil sie über dich wachen, weil du einst ihr Glück teilen und dann in Wahrheit ihr Nächster sein wirst. Deine Nächsten sind ferner die Auserwählten im Himmel. Sie gehören zu der großen menschlichen Familie, zu der auch du gehörst und sie erlangen dir von Gott die Hilfe, deren du bedarfst, um zu dem Glück zu gelangen, das sie selbst besitzen.

Deine Nächsten sind aber auch alle Gerechten auf Erden, nicht nur deswegen, weil sie geneigt sind, dir Gutes zu tun, sondern weil du deinerseits ihnen auch Gutes tun kannst. Du musst also die Engel, die Auserwählten des Himmels und die Gerechten auf Erden übernatürlich lieben. Deine Nächsten sind ferner die Seelen im Fegefeuer, denn für sie kannst und sollst du beten, um ihre Leiden zu erleichtern und ihre Erlösung zu erlangen.

Deine Nächsten sind aber auch die Sünder und deshalb musst du auch sie übernatürlich lieben. Du musst in ihnen zweierlei betrachten: ihre Person und ihre Sünde. Ihre Person ist empfänglich für die Teilnahme an der Seligkeit des Himmels und darum musst du ihre Person lieben. Dagegen verdient die Sünde in ihnen deinen Hass und deine Abneigung.

Verwechsle also die Sünde nicht mit dem Sünder. Hasse die Sünde, wie Gott sie hasst. Aber liebe den Sünder, wie Gott in seiner Barmherzigkeit ihn liebt, da Er ja nicht seinen Tod will, sondern dass er sich bekehre und lebe.

Wenn aber das Gebot der Liebe sich auf alle Menschen auf Erden, auf die Armen Seelen im Fegefeuer und die Seelen erstreckt, die bereits an der himmlischen Seligkeit teilnehmen, so erstreckt sie sich doch nicht auf die bösen Geister und auf die Verdammten.

Die bösen Geister und die Verdammten haben ihre Natur so sehr verunstaltet, dass du sie nie lieben darfst, sondern hassen musst, wie Gott sie in alle Ewigkeit hassen wird.

Wie muss man lieben?

Wenn man das Gebot der Liebe gut erfüllen will, so nimm Mich zum Vorbild! Betrachte, mit welcher Liebe Ich die Menschen geliebt habe und du wirst sehen, dass Meine Liebe drei verschiedene Eigenschaften hatte.

Vor allem habe ich die Menschen unverdienterweise geliebt, das heißt, ohne dass Ich etwas von ihnen empfangen habe und ohne dass sie Mich zuvor geliebt haben. Wenn du nur die lieben würdest, die dich lieben, so würdest du deinen Nächsten nicht wirklich lieben.

Ich habe die Menschen nicht geliebt, weil sie Mir Gutes erwiesen haben, sondern nur, um ihnen Gutes zu tun. In gleicher Weise musst du deinen Nächsten lieben, ohne etwas von ihm zu erwarten und immer bereit sein, ihm Gutes zu tun, wenn du kannst.

Ich habe die Menschen geliebt, selbst Meine größten Feinde, Meine Henker, und am Kreuz noch bat Ich Meinen Vater, dass Er ihnen verzeihen möge. Wenn du Feinde hast, wenn du

Personen begegnest, die dich verfolgen, oder dir Kummer bereiten, so liebe sie, anstatt sie zu hassen. Liebe sie noch mehr als deine Freunde, dadurch wirst du sie versöhnen und dich Gott wohlgefälliger machen.

Ich habe die Menschen sodann mit der gebotenen Unterscheidung geliebt. Nie habe Ich das Laster oder die Sünde in ihnen geliebt. Ich habe den Gichtkranken geheilt, indem Ich zu ihm sagte: "Deine Sünden sind dir vergeben." Ich habe der Ehebrecherin verziehen mit den Worten: "Gehe hin und sündige nicht mehr." Ich habe dem heiligen Petrus verziehen und mein Blick drang ihm bis in das Innerste der Seele. Ich habe dem ungläubigen Apostel verziehen und er erhob sich voll Glauben mit den Worten: "Mein Herr und mein Gott." Die Verzeihung, die Ich ihnen zuteil werden ließ, war sicherlich Beweis Meiner Liebe zu ihnen. Ich habe am Kreuz allen Menschen ihre Sünden verziehen. Jedoch habe Ich durch diese Verzeihung ihre Sünden nicht gut geheißen, sondern sie vielmehr durch den glänzenden Erweis Meiner Barmherzigkeit verurteilt, da es das Leiden eines Gottes bedurfte, um die Sünde zu tilgen. Auf diese Weise musst du den Sünder lieben, aber dennoch alles verdammen und hassen, was an ihm Tadelhaftes ist, also die Sünde und das Laster.

Ich habe die Menschen schließlich mit übermäßiger und fruchtbringender Liebe geliebt, denn Ich habe die Herrlichkeit des Himmels verlassen, bin Mensch geworden und habe mich erniedrigt, bis zum Tod am Kreuz. Ich habe sie mit fruchtbringender Liebe geliebt, weil Meine Liebe ihnen das Leben wiedergegeben und ihnen den Himmel geöffnet hat.

Liebe also deinen Nächsten dadurch, dass du auf deinen eigenen Willen verzichtest, dich abtötest, dich für ihn aufopferst und soviel du kannst an seinem Seelenheil arbeitest. So wirst du deinen Nächsten wahrhaft lieben, weil du ihn so lieben wirst, wie Ich selbst die Menschen geliebt habe.

Liebe den Nächsten, liebe ihn in Gott und für Gott. Wenn du den Nächsten liebst, wirst du Gott lieben und diese beiden Arten von Liebe werden nur eine Liebe ausmachen, die Liebe Gottes, wenn auch ihr Gegenstand und Akt verschieden ist, weil deine Liebe immer unmittelbar oder mittelbar auf Gott zielen wird.

Leben in der Liebe Gottes

Lebe in der Liebe zu Gott, in dieser Liebe, wie Ich sie dir dargestellt habe, in der Ausübung dieser Tugend, die Ich all denen mitteile, die Meine Gnade erhalten. Wenn du Liebe zu Gott hast, wenn du in der übernatürlichen, christlichen Liebe lebst, so bist du reicher als jene, welche unermessliche Schätze besitzen, aber Gott nicht lieben. Du bist reicher als sie, wenn du auch kein anderes Dach über dir hast, als den Himmel, keine andere Nahrung hast, als die, welche dir die öffentliche Wohltätigkeit bietet, keine andere Kleidung als Lumpen hast.

Wenn du in der christlichen Liebe lebst, wenn du Gott liebst, so wird diese Liebe alles in dir liebenswürdig machen. Sie wird dir die Bewunderung der Engel und der Menschen erwerben und sie wird über alle deine Handlungen die Milde und Lieblichkeit ihres Eindrucks verbreiten.

Wenn du in der christlichen Liebe lebst, wenn du die Liebe zu Gott hast, so wirst du voll Kraft und Stärke sein und fähig werden, die größten Dinge zu vollbringen und nichts wird dir widerstehen können.Wenn du in der christlichen Liebe lebst, wenn du die Liebe zu Gott hast, so wird deine hochherzige Seele sich von allem losschälen und zu den größten Opfern bereit sein. Nichts wird sie betroffen machen, nichts sie erschüttern, nichts sie erschrecken. Selbst wenn du durch eine in Schlachtordnung aufgestellte Armee schreiten müsstest, so würde deine ruhige und stille Seele nicht zittern.

Wenn du in der Liebe lebst, wenn du Gott liebst, so wirst du deine Leiden in Sein Herz leeren. Du wirst dein Herz ausschütten in das Herz deines Gottes, den einzigen Gegenstand deines Vertrauens, das allein dich zu trösten vermag. Und du würdest begreifen, wie süß und lieblich der Dienst Gottes ist, selbst inmitten der größten Trübsale. Wenn du in der Liebe lebst, wenn du Gott liebst, so wirst du nicht mehr dir selber angehören. Gott wird dein Herr sein, Er wird über dich herrschen, Er wird mit dir sprechen und du wirst Ihm gehorchen, ohne dass es dir möglich wäre, Ihm zu widerstehen. Es wäre dir nicht möglich, Ihm zu widerstehen, weil dich deine Liebe zu Gott durch die Erfüllung seines Willens zu Ihm hinziehen wird.

Lob der Liebe

Oh Liebe, Liebe, Liebe! Oh Flamme der christlichen Liebe. Woher kommt es, dass du so wenige Herzen entflammst, obgleich du so sehr verlangst, dich mitzuteilen? Die christliche Liebe findet die Türen der Seele verschlossen. Ihre Pfeile prallen ab an den Herzen, die so hart wie ein Felsen sind. Bete zu Gott, dass Er diese Herzen bereit und geeignet mache, die Gnade aufzunehmen und zu bewahren. Er wird sie öffnen, Er wird sie erweichen und mit der Gnade wird die Liebe Gottes in ihre Herzen kommen.

Das Herz eines Sünders gleicht einem Haus, das mit wurmstichigen, verdorbenen Möbeln angefüllt ist. Es gleicht einem Haus, in welches das Licht des Tages nicht eindringt und das durch seinen Modergeruch alle abstößt, die sich ihm nahen möchten. Wenn die göttliche Liebe in dieses Herz eindringt, so erhellt und erleuchtet sie dasselbe. Sie ersetzt die bis jetzt vorhandenen Möbel durch kostbare Möbel und verbreitet schließlich im Innern desselben einen süßen Wohlgeruch, der von der Erde zum Himmel steigt und den Gott der Liebe einlädt, von diesem Herzen Besitz zu nehmen. Schließen wir das Band der Liebe, das uns vereint, immer fester, damit nichts uns zu trennen vermag, weder Leben noch Tod, weder die Menschen noch die bösen Geister. Liebe Gott täglich mehr. Ich aber werde dich morgen nicht mehr lieben, als Ich dich heute liebe, wohl aber werde Ich dir fühlbarere Beweise Meiner Liebe geben.

Erschließe deine Seele der ganzen Glut der göttlichen Liebe. Mögen ihre Flammen zugleich mit deinem Blut durch deine Adern dringen! Bringe dich zum Opfer dar und dein Opfer soll durch das Feuer der göttlichen Liebe verzehrt werden. Liebe mich, wie Ich dich geliebt habe, als Ich auf Erden war. Welche Beschwerden, welche Mühsale, welche Leiden hast du nicht gekostet! Habe Ich doch Mein Leben und Mein Blut hingegeben, um dich zu erlösen. Und nicht zufrieden damit, einmal für dich gestorben zu sein, bin Ich immer hier bei dir im Sakrament Meiner Liebe. Hier wohne Ich beständig mit Meinem Leib, Meiner Seele und Meiner Gottheit, aus Liebe zu dir. Bleibe du im Geiste hier aus Liebe zu mir.

Als Ich dieses Sakrament einsetzte, da kannte Ich bereits die Beschimpfungen, die Verunehrungen, die Gotteslästerungen und die Unbilden, die Mir in demselben zugefügt werden sollten. Ich wusste Mich jedoch mit der kleinen Anzahl der treuen Seelen zu begnügen, die Mich darin verehren und Mir ihre Liebe erweisen sollten. Alle sie entschädigen Mich durch ihre Liebe für die Gleichgültigkeit und Gefühllosigkeit so vieler schlechter Christen. Solches von den treuen Seelen zu erwarten, dazu habe Ich ein ganz besonderes Recht.

Heilige Liebe, breite dich auf Erden aus und entzünde alle Herzen! Diese heilige Liebe ist das kostbarste unter allen Gütern, die erhabenste Schönheit der Seele, die Linderung, der Trost und die Ruhe des Herzens, in Leiden und Trübsalen. Welche Macht übt die göttliche Liebe auf die Menschen aus. Welche Macht übt die göttliche Liebe auf Gott aus. Den Menschen gibt sie Gott und Gott lässt sie für die Menschen sterben. Ich bin aus Liebe zu dir gestorben. Schenke dich also deinem Erlöser, deinem Gott, aus Liebe zu Ihm. Erwidere Meine Liebe durch deine Liebe, lebe aus Liebe zu Mir, opfere dich aus Liebe zu Mir, stirb aus Liebe zu Mir, weil Ich gelebt, gelitten habe und gestorben bin aus Liebe zu dir.

Vom Frieden als einer Frucht der Liebe

Zeitlicher, geistiger und ewiger Friede-

Die Unterwerfung unter Gottes Willen als eine

Wirkung der Liebe-

Vorteile dieser Unterwerfung-

Die Losschälung-

Die Armut-

Die Freiheit als Wirkung der Tugend der Liebe-

Die wichtigsten Früchte der Tugend der christlichen Liebe
sind folgende:

der Friede,

die Ergebung in den göttlichen Willen,

die Losschälung von sich,

die Armut,

die gänzliche und vollständige Freiheit

und das gute Beispiel.

Der Friede ist zwar eine Frucht der Tugend der christlichen Liebe, jedoch ist er keine besondere, von den anderen unterschiedene Tugend. Er besteht in der Übereinstimmung der eigenen Wünsche mit den Wünschen anderer. Unter welchem Gesichtspunkt nun immer du den Frieden betrachten magst, so bleibt er immer eine Wirkung der Tugend der Liebe. Und in der Tat bewirkt die christliche Liebe in dir, dass du Gott von ganzem Herzen liebst. Diese Liebe bewirkt, dass du alles auf Gott beziehst und eben diese Beziehung auf Gott ist die Vereinigung und Übereinstimmung all deiner Wünsche mit Ihm. Die christliche Liebe ist aber auch die Übereinstimmung all deiner Wünsche mit den Wünschen anderer, in Bezug auf alles, was dem göttlichen Willen nicht widerspricht. Und in der Tat bewirkt die christliche Liebe in dir eine Liebe zum Nächsten, eine die der gleicht, die du zu dir selbst hast. Daraus ergibt sich, dass die Liebe dich veranlasst, den Willen anderer zu erfüllen, wie deinen eigenen.

Eine besondere Tugend ist der Frieden aber nicht, denn alle Akte, die dieser hervorbringt, haben ihren Ursprung in der Liebe. Wenn auch die Wirkungen der Liebe verschieden sind, so fordert nicht jede dieser Wirkungen eine verschiedene Ursache. Den Frieden will jedermann, alle suchen ihn. Jedoch nur wenige besitzen ihn, weil nur wenige die Liebe haben.

Zeitlicher Friede

Den Frieden kann man unter einem dreifachen Gesichtspunkt betrachten:

als zeitlichen Frieden,

als geistigen Frieden und

als ewigen Frieden.

Der zeitliche Frieden ist der Friede in der Familie, in den Städten und den Nationen. Er entspringt aber aus der Liebe, weil die Liebe die Vereinigung des Herzens ist. Die Einigkeit der Herzen bildet den Frieden in den Familien, die Einigkeit in den Familien bildet die Einigkeit in den Städten und die Einigkeit in den Städten bildet die Einigkeit in den Ländern und Nationen. Denn die Liebe ist die Übereinstimmung, das Einverständnis zwischen zwei Menschen, zwischen mehreren Menschen und zwischen mehreren verschiedenen Völkern. Wo daher die Liebe nicht ist, da gibt es auch keinen Frieden.

Der zeitliche Friede hat auch den Frieden und die Ruhe des Leibes. Er ist eine Übereinstimmung zwischen dem Geist und dem Fleisch, er ist ein Einverständnis in den verschiedenen Meinungen. Der Leib hat nämlich den Frieden und die Ruhe, wenn er nicht leidet und keine Krankheit hat.

Diese Ruhe und diesen Frieden bewahrt die chriestliche Liebe selbst in Leiden und Krankheiten, weil die christliche Liebe bewirkt, dass man sie liebt und die Liebe den Frieden zwischen dem Fleisch und dem Geist bewahrt, weil durch sie das Fleisch beherrscht wird und der Geist mit Gott vereint bleibt. Dieser Friede trägt zum körperlichen Wohlbefinden bei. Durch die Liebe wird der Friede bei Verschiedenheit der Ansichten erhalten, denn nicht in der Übereinstimmung der Meinungen und Ansichten besteht der Friede, sondern in der Übereinstimmung in Bezug auf das, was gut ist und zum ewigen Leben führt. Die Verschiedenheit der Ansichten ist noch kein Angriff auf den Frieden. Es ist nur ein wahrer, vernünftiger Gebrauch der Freiheit in der tätigen Bewegung der Erkenntnis und durch nichts wird der Friede bei diesem rechtmäßigen Gebrauch der Erkenntnis angegriffen. Ja, gerade dadurch erhält die Liebe den Frieden, denn sie sieht nur Gutes in dieser tätigen Bewegung der Erkenntnis anderer und legt es nur zum Guten aus. Hast Du also die Liebe, so hast du auch den zeitlichen Frieden. Denn hast du die Liebe, liebst du Mich, dann wirst du dich in den Leiden und Krankheiten deines Leibes, in den Trübsalen und der Niedergeschlagenheit deines Herzens, in den Widersprüchen und Widerwärtigkeiten deines Geistes an Mich wenden. Du wirst ohne Mühe zu Mir kommen, um Mir mit der Aufrichtigkeit und dem Vertrauen eines Kindes deinen Zustand vorzutragen. Du wirst Mir dann deine geheimsten, deine verborgensten und innersten Leiden mitteilen. Und mit zärtlicher Liebe werde Ich dich aufnehmen. Du aber wirst dich durch diese zärtlichen Herzensergießungen von der Wucht der Leiden, die dich zu erdrücken droht, erleichtert fühlen und durch diesen Gleichmut deiner Seele wirst du den Frieden bewahren. Wie viele Betrübte, Leidende und Schwergeprüfte würden ihre Prüfungen ihre Leiden und ihre Trübsale ertragen, ohne den Frieden und die Ruhe ihrer Seele zu verlieren, wenn sie die Liebe hätten. Ohne die Liebe aber beunruhigen sie sich und nichts vermag sie zu trösten. Würden sie Mich zu ihrem Vertrauten machen, würden sie entdecken, wie sehr Ich dieses verdiene, weil Ich sie treu und standhaft lieben würde. Auch wenn alle sie verlassen oder sich von ihnen entfernen würden, Ich würde sie nie verlassen, weil Ich Mitleid mit ihrem Schmerz hätte und sie trösten würde.

Jeder hat hier auf Erden seine Leiden. Wenn du mit einem Freund immer von deinen Trübsalen sprichst, so wird ihm deine Unterhaltung bald lästig und unangenehm sein. Ich dagegen werde dich nicht nur anhören, sondern Meine Aufmerksamkeit und Meine Beständigkeit werden dich einen solchen Trost empfinden lassen, dass du selbst deinen Schmerz vergessen wirst und deine Klagen und Herzensergießungen für dich nur eine höchst beseligende Unterredung mit deinem Erlöser und deinem Gott sein werden. Wer die Liebe hat, der hat Frieden, weil er weiß, wie er handeln muss, um bei allem, was ihn betrifft, die Eintracht zu bewahren. Er hat Frieden, weil er sich selbst und weil er die Welt hasst und sein Vertrauen auf Gott setzt. Er hasst sich selbst, das heißt, er sucht nicht sein Wohlbehagen, seine Bequemlichkeit oder die Befriedigung seiner persönlichen Wünsche. Auf diese Weise ist er immer ruhig und voll Frieden, sei er auch krank, leidend, arm oder unglücklich. Sein Geist wird nicht vom Fleisch besiegt, daher ist er ruhig und immer voll Frieden. Wer die Liebe hat, hasst und verachtet die Welt. Er weiß, dass die Welt und alles, was in ihr ist, vergehen wird. Deshalb lässt er sich nicht blenden von ihren Worten, ihren Urteilen, ihren Handlungen und sucht weder ihre Achtung, noch ihre Zuneigung. Er sieht nur auf Mein Urteil, nur auf die Erkenntnis, die Ich von ihm habe und nur auf die Freundschaft, die Ich für ihn hege. Dies genügt ihm. Er ist ruhig und immer voll Frieden.

Wer die Liebe hat, setzt all sein Vertrauen auf Gott. Wo Misstrauen ist, kann die wahre Liebe nicht bestehen und ohne Misstrauen gibt es kein Fürchten und Bangen, da ist man ruhig und immer voll Frieden. Wer die Liebe hat, setzt all sein Vertrauen auf Gott. Folglich erwartet und leidet er vertrauensvoll alle Prüfungen, die Gott ihm schickt und hat keinen anderen Willen, als den seines Gottes. Gleichförmigkeit des eigenen mit dem göttlichen Willen ist eben das, was man Frieden nennt.

Geistiger und ewiger Friede

Habe die Liebe und du wirst den zeitlichen Frieden haben, doch nicht diesen allein, sondern auch den geistigen Frieden. Du wirst den geistigen Frieden haben, das heißt den Frieden mit Gott. Der Friede mit Gott ist die Eintracht zwischen dir und Gott und die Liebe gibt sie dir. Wenn du die Liebe hast, so wirst du stets den Willen Gottes erfüllen und getreu sein Gesetz und seine Gebote beachten. Diese Erfüllung des göttlichen Willens muss aber notwendigerweise dein Herz in Ruhe und Frieden erhalten, denn sie vereint dich mit Gott und läßt dich Sein Leben leben. Hier besteht also Gleichförmigkeit des Willens und Gleichförmigkeit des Lebens, folglich auch der wahre Friede, der geistige Friede. Sei jemand auch ein noch so großer Sünder gewesen, wenn er nur die Liebe hat, so hat er den Frieden schon allein deshalb, weil er die Liebe hat. Denn das Andenken an die früheren Sünden hält ihn von neuerlichen Sünden ab, und wo keine Sünde ist, da herrscht Friede. Das Andenken an die ehemaligen Fehler ist die Erinnerung an einen Zustand, der nicht mehr besteht und die den jetzigen Zustand höher schätzen lässt. Das Andenken an die früheren Fehler, die durch die Liebe getilgt wurden, erinnert zugleich an deren erlangte Vergebung, an die Schritte, die man getan hat, um diese Vergebung zu erhalten, an das Bekenntnis derselben vor dem Priester, an den Schmerz und die Reue des Herzens, und daran, dass man sich Gott für immer hingegeben hat.

Die Erinnerung an diese Vergebung gibt den geistigen Frieden. Das Andenken an die Vergebung gibt Frieden, denn es erinnert an das, was Gott an dem Sünder getan und zu ihm gesprochen hat. Es erinnert an die Worte:

"Mut, Mein Sohn, fürchte dich nicht! Komm zu Mir, Ich bin stark, wenn du schwach bist; Ich kann alles, wenn du nichts kannst; Ich bin reich, wenn du arm bist und werde dir alles Nötige geben. Komm, schöpf bei mir das heilbringende Wasser der Gnade, dieses Wasser, voll Kraft, das ins ewige Leben aufspringt. Komm, Ich will dein Glück sein, außer Mir gibt es kein Glück. Du hast es außerhalb von Mir gesucht und es ist dir entgangen. Aus dem schmutzigen Brunnen der Welt, des Satans und der Leidenschaften wolltest du schöpfen und hast nur vergiftetes Wasser darin gefunden. Wasser, das den Durst nicht stillt und sogar die Feuchtigkeit mehr aufzehrt, als Feuer. Komm zu Mir, habe Vertrauen zu Mir, höre Meine Stimme, nimm Meine Liebe an und du wirst das Glück in so reichem Maße haben, wie dies auf Erden nur möglich ist. Das Andenken an diese Worte kräftigt die Seele, hält sie auf Gott gerichtet und gibt ihr den Frieden.

Die Liebe gibt schließlich auch den ewigen Frieden, das heißt den Himmel. Der ewige Friede wird, wie schon das Wort sagt, nie vergehen und er ist der Lohn der Seele, die, wenn Gott sie zu sich ruft, die Liebe hat. Der Friede des Himmels ist das Glück des Himmels, so wie auch schon das irdische Glück im Frieden besteht. Den Frieden im Himmel und auf Erden gibt die Liebe.

Verbleibe also immer im Zustand der Liebe. Lebe jetzt in der Liebe und so wirst du jetzt Frieden auf Erden und einst Frieden im Himmel haben.

Die Unterwerfung unter Gottes Willen als eine Wirkung der Liebe

Eine große Ähnlichkeit mit dem Frieden hat die Ergebung in den göttlichen Willen. Denn wer den Frieden hat, ist in den Willen Gottes ergeben und wer in den Willen Gottes ergeben ist, der hat den Frieden. Ohne die Liebe kann man nicht in den Willen Gottes ergeben sein, wie man auch ohne die Liebe keinen Frieden haben kann. Die Ergebung in den göttlichen Willen entspringt also auch aus der Liebe. Gleichwohl ist aber die Ergebung in den göttlichen Willen und der Friede nicht das Gleiche. Der Friede ist ein Zustand der Seele, den die Liebe verleiht, ein Zustand der Ruhe und Stille. Die Ergebung in den göttlichen Willen dagegen ist mehr als ein Zustand. Sie ist eine tätige, wirksame Geneigtheit, die bewirkt, dass der Mensch alles vollbringt, was Gott will. Sie bewirkt, dass er alles erträgt, was Gott ihn ertragen lässt und nichts anderes erwartet, als was Gott ihm geben will. Das ist die Ergebung in Gottes Willen. Nun ist aber die Ergebung in den göttlichen Willen die ehrenvollste Huldigung, die der

Mensch Gott erweisen kann und zugleich das Ersprießlichste, das der Mensch für sich tun kann.

Sie ist die ehrenvollste Huldigung, die der Mensch Gott darbringen kann, denn was bedeutet es, sich Gott zu unterwerfen? Es bedeutet, seinen Willen zu erfüllen, zu tun, was Er begehrt und Ihm zu gewähren, was Er verlangt. Es bedeutet anzuerkennen, dass Er der höchste Herr und nichts höher ist als Er. Es bedeutet, seine Absichten anzubeten. Es bedeutet, Ihm in allem zu gefallen, Ihm seine Anhänglichkeit zu bezeugen und Ihm unwiderlegbare Beweise seiner Liebe zu geben. Es bedeutet mit einem Wort: Gott alles geben, was man hat, sich vollständig von allem losschälen und in allem nach dem Wohlgefallen Gottes handeln.

Kann nun der Mensch etwas Gott Wohlgefälligeres tun? Nein, denn Gott zieht die Ergebung in seinen Willen jedem Fasten, jeder Strenge gegen sich selbst, jedem Opfer und dem fruchtbarsten und wirksamsten Apostolat vor, wenn Er all diese Dinge nicht verlangt.

Was würdest du von einem Diener sagen, der immer daran arbeiten würde, das Wohlsein und den Besitz seines Herrn zu vermehren, der überall dessen Güte rühmen und der ihm alle möglichen Reichtümer verschaffen würde, wenn dieser Diener sich aber weigern würde, seinem Herrn zu gehorchen und seinen Willen zu erfüllen? Was würdest du von diesem Diener sagen, wenn sein Herr ihm nie einen Vorwurf machen oder irgendeine Zurechtweisung geben dürfte, ohne dass dieser sich empören oder seinem Herrn seine Unzufriedenheit beweisen würde? Würdest du nicht einen weniger tüchtigen, aber dafür gehorsamen, unterwürfigen, gemäßigten und ehrfurchtsvollen Diener vorziehen? Nun, genau so ist es bei Gott der Fall. Gott verlangt von dir eine vollständige und gänzliche Ergebung in seinen heiligen Willen. Du wirst sie Ihm leisten, wenn du Ihn liebst. Krankheiten, Leiden und Prüfungen, die Er dir auferlegt, wirst du aus seiner Hand annehmen und sagen:

"Mein Gott, dein Wille geschehe und nicht der meine."
Nie wirst du dich beklagen, alles wirst du hinnehmen als einenWink Gottes, als einen Beweis der Freundschaft Gottes, der dich durch diese Prüfungen mehr reinigen will, auf dass du mit Ihm immer inniger vereint seiest.

Damit soll jedoch nicht gesagt sein, dass man nie klagen könne. Du musst zu Gott klagen, wie der Prophet, denn eine solche Klage ist keine wirkliche Klage, sondern vielmehr eine Gebetsanrufung, ein Verlangen, ein Ruf nach Gottes Hilfe.

Sowohl Bitte, als auch Verlangen sind von der Ergebung eingegeben. Wie wohlgefällig ist Gott einer Seele, die so in seinen heiligen Willen ergeben ist!

Vorteile dieser Unterwerfung

Die Ergebung in Gottes Willen ist aber auch das ersprießlichste Werk für den Menschen selbst. Denn wenn du Gottes Willen befolgst, wandelst du auf dem geraden Weg, du wandelst im Guten und du wandelst unter Gottes Führung, denn Gott führt nur auf dem Wege des Guten und der Wahrheit. Was suchst du auf Erden? Die Wahrheit? Was suchst du auf Erden? Den Besitz der Wahrheit? In der

Ergebung in den göttlichen Willen wirst du sie finden, weil du Gott findest und Gott die Wahrheit ist. Gott hat die Menschen erschaffen, um sie zu Sich zu führen. Er führt sie aber zu Sich auf verschiedenen Wegen, die Sein Wille vorzeichnet. Will man zu Ihm gehen, so muss man sich Seinem Willen unterwerfen. Wer sich Seinem Willen unterwirft, der geht zu Gott und gelangt in den Himmel. Aus diesem Grund ist die Ergebung oder Unterwefung unter den göttlichen Willen für den Menschen notwendig.

Möge Gott dir Leiden, Schmerzen und Trübsale, Krankheiten und Gebrechen oder Widersprüche und Beschimpfungen schicken. Möge Er dich wie auch immer prüfen, sei Seinem Willen ergeben. Möge der Gedanke: "Gott will es!" dir helfen und dich unterstützen. Setze dein Vertrauen in diesen Willen, wandle nach diesem Willen und du wirst in den Himmel kommen.

Die Ergebung in Gottes Willen ist aber nicht nur ein Gut für den Himmel, sondern auch für die Zeit. Kraft dieser Ergebung verschwinden die Widerwärtigkeiten, die Übel, die Leiden und Prüfungen, da man nun dieselben liebt, weil sie von Gott und Seinem heiligen Willen herrühren. Kraft der Ergebung in den göttlichen Willen verschwinden aber auch aller Hass und jeder Widerwille, ausgenommen der Abscheu gegen die Sünde.

Eine Seele, die in den Willen Gottes ergeben ist, ruft aus: "Ach meine Seele! Warum solltest du Widerwillen gegen diese Sachehaben? Gibt es auf Erden etwas, was du verabscheuen sollst, außer der Sünde, oder die Fehler, die du an dir hast? Dein Wille, oh mein Gott, geschehe in allem, verleihe mir nur einen verständigen Hass gegen die Sünde und meine eigenen Unvollkommenheiten."

Die Losschälung

So, wie aber die Liebe die Ergebung hervorbringt, so erzeugt sie auch die Losschälung von allem. Dem, der Gott liebt, dem genügt Gott und nur der, der Ihn liebt, ist wahrhaft losgeschält von allem. Gott genügt dem, der Ihn liebt. Gott lieben, heißt Ihn besitzen. Gott besitzen aber heißt, das höchste Gut besitzen, das Gut, das nie vergeht und ewig dauern wird. Wer nun aber dieses Gut besitzt, kann sich nicht an die vergänglichen Güter hängen, weder an das Leben, noch an die Geschäfte, noch an die Reichtümer. Von diesen ist er vollständig losgeschieden und er bedient sich derselben nur nach der Absicht Gottes. Er hängt an nichts, deswegen erhebt er sich leichter zu Gott und er ist durch keine Bande aufgehalten, die ihn an die Erde fesseln. Alles nimmt er an als etwas, das von Gott kommt. Alles gebraucht er dazu, um zu Ihm zu gelangen. Er hängt weder an diesem, noch an jenem, er kennt nur eine Anhänglichkeit: Die Anhänglichkeit an Gott Er hängt nicht am Leben. Er würde es gerne Gott zum Opfer bringen und zu der von Gott bestimmten Stunde wird er ruhig seinen Geist in die Hände Gottes übergeben. Er hängt nicht an den Geschöpfen, weder wegen deren Schönheit, die vergänglich ist, noch wegen deren Eigenschaften, die von Gottes Eigenschaften ganz überstrahlt werden, noch wegen der Bande des Blutes, weil er einen Vater im Himmel hat. Er hängt nicht an den Reichtümern, die der Rost verzehrt und die Diebe stehlen, ebenso wenig an Ehre und Ruhm vor der

Welt. Sein Ruhm besteht in dem Dienste Gottes.

Gott ist ihm alles und nichts wird ihn von Gott trennen; weder das Leben, noch der Tod, weder die mit Vernuft begabten, noch die vernunftlosen Geschöpfe, weder die Welt, noch der Satan, weil die Liebe zu Gott gewaltiger ist, als alle Gewalten und ihr nichts widerstehen kann. Diese allgemeine Losschälung von allen erschaffenen Dingen und die Losschälung von dir selbst empfehle Ich dir an. Dies ist das wahre Kennzeichen der Liebe. Den Baum erkennt man an seinen Früchten und die Losschälung ist eine Frucht der Liebe.

Die Armut

Unter den verschiedenen Arten der Losschälung gibt es aber eine, die Ich dir vor allen anderen anempfehle, nämlich die Armut. Es gibt zwei Arten von Armut:

die freiwillige Armut und die erzwungene Armut.

Jene, die nicht nur losgeschält sind von den Gütern dieser Welt, sondern freiwillig darauf verzichten, erlangen dafür ewige Schätze und ein Glück, das nie enden wird.

Jene, die in Armut leben, weil sie von allem entblößt sind, sollen sich sehr davor hüten, sich Reichtum zu wünschen. Vielmehr sollen sie sich glücklich schätzen, in derselben Lage zu sein, in der Ich mich auf Erden mit Meiner Mutter befand. Sie sollen sich hüten, dass sie nicht den glorreichen Stand, den Gott ihnen angewiesen hat, durch die Anhänglichkeit an die Güter und Schätze der Welt verdunkeln. Sie sollen zu sich selbst sagen:

"Wir sind gering in den Augen der Welt, aber groß in den Augen Gottes."

Sie sollen zu sich selbst sagen:

"Von den Menschen werden wir verachtet, Gott aber beurteilt die Menschen anders."

Sie sollen zu sich selbst sagen:

"An irdischen Gütern sind wir arm, aber dafür reich an ewigen Gütern. Die Sorgen des Reichtums, die Schwierigkeiten und Unruhe, die er mit sich bringt, hemmen den Lauf zum Himmel, ja führen zuweilen ganz vom Himmel ab. Uns aber hält nichts auf, wir wandeln sicher dem Himmel zu, denn der Himmel ist Gott und Gott ist des Armen Besitz und Reichtum."

Die Armen müssen sich ihren Zustand der Armut aufrecht erhalten durch den Anblick Meiner Armut und der Armut Meiner Mutter. Ebenso durch die Hoffnung, dass sie sehen werden, wie ihre Armut vorübergeht und sich in einen unermesslichen und unbegrenzten Reichtum verwandelt. Wiederum ist es die Liebe, die diese Gefühle des Glaubens und der Hoffnung unterhält und nährt.

Die Freiheit als Wirkung der Tugend der Liebe

Schließlich wird dir die Liebe die wahre Freiheit geben, die Freiheit der Kinder Gottes. Damit meine Ich nicht jene Freiheit, die in Wirklichkeit Unordnung ist, nicht jene Freiheit, die Böses tut. Nein, das ist keine Freiheit. Die Freiheit besteht in der freiwilligen Unterwerfung unter das Gesetz.Wer nun Gott wahrhaft liebt, wer Ihn beständig liebt, der wird auch immer tun, was Er ihm befiehlt und was Er von ihm verlangt. Da er Gott liebt und Ihm in keinem Stücke missfallen will, so wird es ihm nicht schwerfallen, sich Gott zu unterwerfen. Der Wille Gottes wird die Richtschnur seines Benehmens sein und dieser Richtschnur wird er folgen, weil er Gott liebt. Er wird alles tun, was Gott will, folglich wird er frei sein, da er ja nur will, was Gott will. An dieser Freiheit, welche die einzig wahre Freiheit ist, halte fest. Bewahre sie allzeit in dir, indem du die Liebe zu Gott in dir bewahrst. Wache stets in der Liebe zu Gott und deine Freiheit wird größer werden, weil du immer mehr geneigt sein wirst, nur das zu wollen, was Gott will.

Herstellung und Verlag:
BoD – Books on Demand, Norderstedt
ISBN: 9783759730800